Escribir para aprender

La escritura creativa como método de desarrollo y evolución del alumnado

Laura Gutiérrez Bonilla

Saralejandría
ediciones

A mi familia, que siempre ha sido mi refugio y mi fuerza en momentos en los que parecía no haber luz. Papá, aunque ya no estés aquí físicamente, te siento conmigo en cada paso que doy.

A mis amigas, compañeras de vida, gracias por ser mi máxima desconexión y por celebrar cada pequeño triunfo como si fuera vuestro.

Al Colegio Santa Gema Galgani, que fue el que me vio crecer y donde ahora lo sigo haciendo profesionalmente. Sin ellos, esto no sería posible.

Todo pasa, lo bueno y lo malo.

ÍNDICE

¿QUÉ ES LA ESCRITURA CREATIVA Y PARA QUÉ SIRVE? 6

CÓMO LA ESCRITURA CREATIVA MEJORA
NUESTRA CAPACIDAD DE PENSAR
Y RESOLVER PROBLEMAS 12

PUESTA EN PRÁCTICA. USO DE LA ESCRITURA PARA
COMUNICAR PENSAMIENTOS Y EMOCIONES
DE FORMA CLARA Y EFECTIVA 20

DESARROLLO DE COMPETENCIAS.
BENEFICIOS EN LA GRAMÁTICA, EL VOCABULARIO
Y LA FLUIDEZ...26

¿POR QUÉ LA CREATIVIDAD Y LA MOTIVACIÓN
SON IMPORTANTES PARA APRENDER?................................. 34

PROYECTOS DINÁMICOS PARA PONERLO EN PRÁCTICA......... 38

MÉTODOS DE EVALUACIÓN 104

¿QUÉ ES LA ESCRITURA CREATIVA Y PARA QUÉ SIRVE?

La escritura creativa es una forma de expresión enfocada en conseguir liberar la imaginación y darle alas a la creatividad. Tradicionalmente, cuando escribimos nos limitamos a transmitir información de manera objetiva y directa, emitiendo mensajes de forma técnica o académica. ¿Qué hay de diferente con respecto a la escritura creativa? Podríamos decir que busca conectar emocionalmente con el lector y despertar en él sensaciones, emociones, conexiones e incluso reflexionar sobre un tema.

No hay nada más especial que ser capaz de explorar tus emociones más intensas y darle forma a ideas abstractas utilizando técnicas literarias que puedan enriquecer el texto ofreciendo una perspectiva nueva y construyendo personajes complejos dotados de verosimilitud aún en mundos imaginarios. Se considera que la escritura creativa no solo es un ejercicio de estilo sino también un medio para explorar y ahondar en la condición humana y para crear mundos que pueden ser tan reales como ficticios. Por todo ello podría considerar que los puntos clave que tendríamos que trabajar con los niños son:

Capacidad de seleccionar ideas.

Búsqueda de personajes, tiempo, espacio…

Conectar con el lector.

Despertar emociones en lector.

Reflexión individual.

Con esta técnica narrativa el escritor fomenta la capacidad de sumergir al lector en universos únicos donde las emociones fluyen de manera natural y auténtica, lo que permite que cada texto sea un fiel reflejo personal del emisor.

En esencia, la escritura creativa es un espacio de libertad donde debemos intentar que el lenguaje se convierta en una herramienta poderosa para comunicar no solo lo que se piensa sino también lo que se siente, lo que se sueña y lo que se teme. Dicen que tiene mucho más poder la palabra que el rugido de un león en la selva; por eso, tenemos que abrirles los ojos y que sean plenamente conscientes de las diferentes formas de entender el mundo y la diversidad que hay en ellos.

Por otro lado, entre los elementos más importantes de este proceso creativo se encuentran la originalidad y la capacidad de innovación, ya que busca romper moldes establecidos explorando nuevos estilos formatos y voces narrativas, haciendo que el niño se transporte a otra realidad haciéndola suya. Eso sí, debemos tener en cuenta que no se trata de seguir reglas rígidas en cuanto a la escritura, sino de que pueda encontrar maneras únicas de contar una historia o expresar una idea.

El lenguaje en la escritura creativa no es solo un medio para comunicar ideas sino también un fin en sí mismo. La forma en que se utilizan las palabras, las frases y las estructuras gramaticales es crucial, pues se busca crear una experiencia estética para el lector a través de la elección precisa de palabras. Además, la variedad de temas que pueden ser tratados es tan amplia que permite que el niño pueda dar rienda suelta a su imaginación.

En cuanto a sus propósitos sirve como herramienta de expresión personal permitiendo a los niños explorar y articular sus pensamientos y sentimientos perspectivas únicas. En algunos casos se ha llegado a utilizar como una herramienta para la crítica social y la transformación cultural.

Asimismo, permite la experimentación al ofrecer un espacio de libertad creativa que fomenta la innovación, originalidad, imaginación e incluso exploración emocional. Por todo ello, el único fin es que el niño reflexione y sea capaz de expresarse con coherencia y a la vez esté entretenido.

Si tuviera que hacer una recopilación de respuestas a la pregunta de "¿para qué sirve la escritura creativa?" me atrevería a decir que:

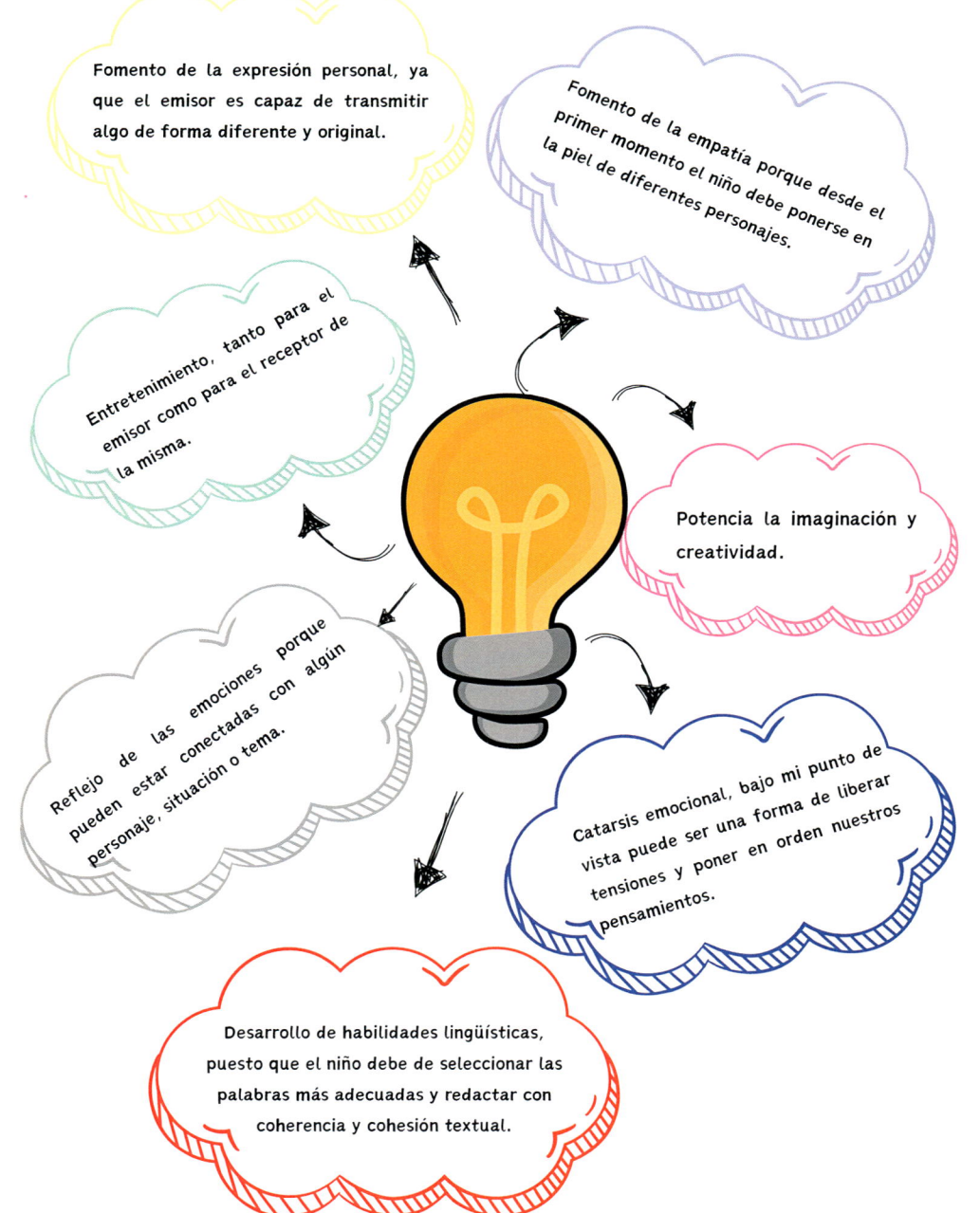

Fomento de la expresión personal, ya que el emisor es capaz de transmitir algo de forma diferente y original.

Fomento de la empatía porque desde el primer momento el niño debe ponerse en la piel de diferentes personajes.

Entretenimiento, tanto para el emisor como para el receptor de la misma.

Potencia la imaginación y creatividad.

Reflejo de las emociones porque pueden estar conectadas con algún personaje, situación o tema.

Catarsis emocional, bajo mi punto de vista puede ser una forma de liberar tensiones y poner en orden nuestros pensamientos.

Desarrollo de habilidades lingüísticas, puesto que el niño debe de seleccionar las palabras más adecuadas y redactar con coherencia y cohesión textual.

CÓMO LA ESCRITURA CREATIVA MEJORA NUESTRA CAPACIDAD DE PENSAR Y RESOLVER PROBLEMAS

¿Qué profe no se ha preguntado si fomentando la escritura en el aula el alumno aprende más? Mi experiencia en el aula me dice que sí, rotundamente sí, está claro que el niño mejora su capacidad de pensar, obtienen grandes avances en cuanto al proceso creativo, caligrafía y desarrolla el pensamiento lógico.

Por otro lado, considero que la capacidad de pensar y resolver problemas se ve mejorada, puesto que al escribir, estamos constantemente tomando decisiones sobre la trama, los personajes y conflictos que aparecerán en el texto. Asimismo, escribir también requiere una organización y planificación previa de ideas, lo que puede fortalecer esa capacidad de estructurar soluciones paso a paso. Buscar formas creativas de resolver situaciones y pensar de manera crítica puede dar lugar a encontrar soluciones muy novedosas ante problemas reales. Esto está directamente relacionado con la creación de personajes, porque puede ayudar al niño a ver el mundo desde diferentes perspectivas y dándole el espacio necesario a la empatía, algo que queremos que el niño ponga en práctica en su día a día.

Os pongo un ejemplo real de algo que me ocurrió en el cole. En mi clase de 1º ESO, un alumno muy impulsivo mostraba mucho rechazo a determinados compañeros con los que sentía que chocaba por el carácter y en muchas ocasiones sus respuestas eran bruscas y tenía actitudes ariscas cuando alguien no pensaba como él o las cosas no le salían como quería.

Después de darle muchas vueltas, decidí incluir un proyecto de escritura creativa, a la vez que íbamos repasando contenidos de la asignatura de Lengua. ¿En qué consistía? Mis alumnos tuvieron que convertirse en héroes por un día, analizar una situación adversa o un problema de su entorno y tratar de combatirla para mejorar la vida de los que les rodean. Eso sí, el problema que pensaran tenía que ser cercano a ellos, por ejemplo, podría tratarse de un asunto del ámbito escolar (situaciones como la falta de recursos para adquirir material escolar, compañeros que se sienten aislados, desperfectos en el centro...) o del vecindario (basura y suciedad en las calles, contaminación, etc.)

Una vez que reflexionaron sobre el problema y analizaron sus aspectos más relevantes, tuvieron que "ponerse el traje" de héroe y pensar en qué medidas concretas podrían adoptar para acabar o disminuir las consecuencias de la situación perjudicial que ellos mismos habían elegido. Yo, sobre todo, quería hacerles entender que los gestos pequeños pueden lograr cambios muy grandes. Además, tuvieron que crear una historia breve desde la perspectiva del héroe contando qué iba a hacer para poder solucionarlo.

Durante el proceso de escritura, notaba que el alumno se hacía preguntas del estilo de ¿Cómo me sentiría yo si me ocurriera esto?, ¿Un amigo realmente debe aguantar que le hable mal cuando algo no sale como yo espero?, ¿Por qué grito cuando me enfado y me pongo tan furioso?. A medida que el proyecto avanzaba, mostraba más interés en reflejar distintas emociones tratando de entender a su "héroe" y a todos los que le rodeaban, e incluso pude observar cómo todo lo que de él mismo no le gustaba intentaba que su personaje principal no lo tuviera, pero no porque fuera malo, sino porque sabía que eso era algo que tenía que mejorar.

Pero lo mejor fue el cambio tan notable que pude observar en él. Comenzó a ser mucho más paciente con sus compañeros, a respetar la diversidad de opiniones y comprender que todas eran igual de válidas aunque no estuviera de acuerdo con ellas e incluso llegó a decir que si todos tuviéramos un poquito más de empatía, el mundo sería más bonito. Este proyecto permitió no solo desarrollar una mayor empatía hacia los demás, sino también saber reflexionar antes de tomar una decisión y mostrarse compasivo ante situaciones adversas. Gracias a la creación de su héroe, reflexionó, aprendió y mejoró.

Esto es muy similar a cuando un niño tiene un juguete nuevo, pongamos un puzle. Al principio se siente muy abrumado, hay muchas piezas y requiere de mucha concentración, paciencia y tiempo para empezar a montarlo y que todas las piezas puedan encajar a la perfección. No sabrá por dónde empezar. Pero ahora imaginaos que mientras monta el puzle está escuchando en la tele una canción que le gusta mucho, y le provoca un sentimiento de evasión y desconexión que en su cabeza recrea una historia inventada, a través de la cual el colocar una pieza correctamente hace que el protagonista vaya descubriendo diferentes secretos ocultos. ¿Qué ocurrirá? Sin duda, su mente se despierta, se activa, juega con las ideas y empieza a encontrar soluciones. Por lo tanto, me atrevo a decir que la escritura ...

DESBLOQUEA LA MENTE.

Pero no solo es eso, cuando un niño escribe, juega con las emociones, se le plantea un problema e intenta buscar soluciones. Cuando su protagonista es una niña que tiene que encontrar un hechizo para acabar con una bruja mala, sin darse cuenta está desarrollando un problema y buscando soluciones. Todo este proceso lo está desarrollando en su imaginación para posteriormente, plasmarlo en un folio y resolviéndolo con creatividad y coherencia.

En el proceso de buscar esas soluciones para el correcto desarrollo de su historia, exploran diferentes posibilidades, aprenden a ver los problemas desde diferentes perspectivas e incluso buscan qué solución es la que mejor le vendría para su relato. Por lo tanto, considero que a la larga, les ayuda en la vida real, donde tendrán que superar muchos obstáculos (unos más fáciles que otros) pero siendo siempre resilientes.

Además, cuando los niños crean mundos a través de la escritura, no sienten que están haciendo "algo difícil". Para ellos, es como jugar, como si tuvieran una varita mágica que no solo les da el poder de crear historias increíbles, sino también de resolverlas.

PUESTA EN PRÁCTICA. USO DE LA ESCRITURA PARA COMUNICAR PENSAMIENTOS Y EMOCIONES DE FORMA CLARA Y EFECTIVA

¿Consideras que hay forma más útil que plasmando en un papel nuestros sentimientos? Podría ser como una ventana abierta al mundo que nos permite explorar y analizar nuestro mundo interior. Así que, si esto mismo lo trasladamos a nuestros alumnos, conseguimos que aprendan a hilar los pensamientos e ideas y le dieran forma a esas emociones que sienten.

Es justo aquí donde la escritura creativa entra en acción, puesto que nos permite romper las estructuras más rígidas del lenguaje cotidiano e incluso nos invita a jugar con las palabras, experimentar con imágenes y crear un texto que realmente refleje lo que hablando no sabríamos explicar para que tengan un impacto más positivo en el receptor, puesto que conseguiría que nuestras palabras no solo se lean, sino que se sientan. Asimismo, antes de comenzar a escribir la mente del niño sería algo así:

Pensamiento confuso

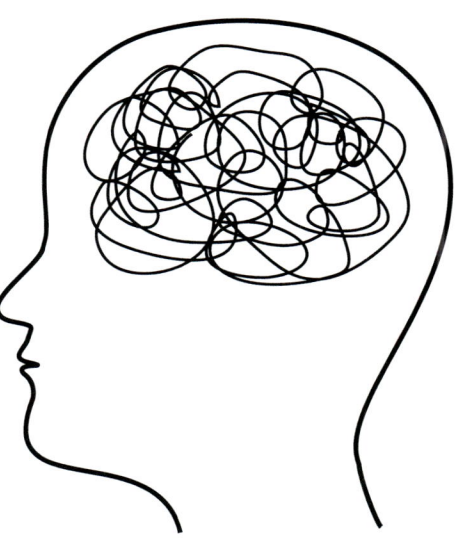

Mientras que la cabeza de un niño se podría ver así cuando tiene todas sus ideas organizadas y estructuradas:

Pensamiento ordenado

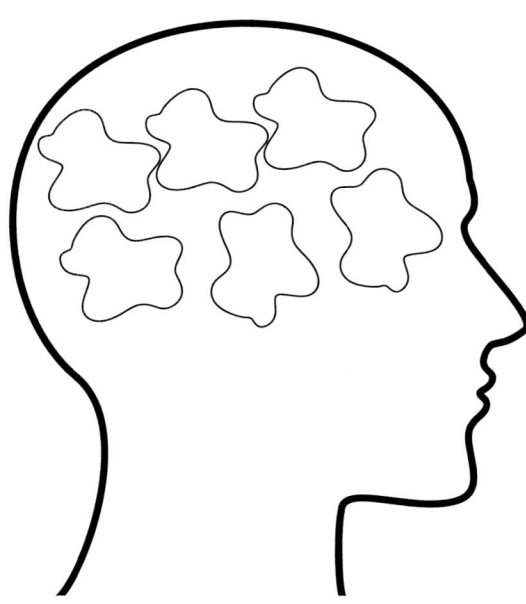

Por ello, me tomo la libertad de poder afirmar que a través de estas dos imágenes se podría observar el antes y el después de lo que el proceso creativo de escribir y ser capaz de producir textos coherentes podría generar en el niño. ¡Una maravilla!

Me gustaría ejemplificar todo esto, para de alguna forma, reafirmarme en todo lo anterior. Desde que soy profe y doy clase en 1º y 2º ESO he sido muy consciente de cuánto ayuda a los niños el expresarse por escrito. Recuerdo perfectamente a una de mis alumnas que fue capaz de "salvarse" gracias a su papel y bolígrafo.

Una semana, les pedí a mis alumnos que escribieran una historia relacionada con un valor, el que ellos quisieran. En su historia tenía que quedar reflejado dicho valor, lo que no me esperaba es que una gran mayoría se sintieran tan libres de expresar lo que llevaban dentro.

Durante los años que llevo trabajando en el cole, he sido consciente de que los adolescentes cargan con emociones que muchas veces no saben verbalizar, pero cuando comprenden que la escritura puede ser una herramienta muy poderosa, se atreven a escribir en el papel lo que no tienen valor de decir en voz alta. Esto es lo que le ocurrió a mi alumna. Desde fuera todo parecía que estaba en orden, dentro del caos que puede tener un adolescente de 13 años, pero en su texto, contaba con mucha honestidad que poco a poco sentía que no terminaba de encajar con su grupo de amigas, las que la habían acompañado desde pequeña. Se sentía excluida, no de manera directa, sino con pequeñas actitudes que poco a poco hacían que estuviera más alejada de ellas. Mostraba cómo sentía un nudo en el estómago que, sinceramente, era desgarrador leerlo, pues era palpable la tristeza que ella sentía. Para mí, lo más significativo fue cómo había sido capaz de verbalizar algo que, hasta ese momento, parecía no haberle contado a nadie. Le pedí que se quedara a hablar conmigo, porque sabía que esa confesión era mucho más que la redacción de todas las semanas. Sus palabras salían atropelladamente, pero se sentía reconfortada sabiendo que la estaba comprendiendo. No fue una situación fácil, ni mucho menos, pero hubo un momento en el que se dio cuenta de que estar sola y buscar un grupo en el que encajara al 100% le costaría tiempo, pero quizás era lo que necesitaba, lo que le ayudaría a encontrar realmente su sitio.

Lo que más me conmovió de todo esto fue observar cómo la escritura implica sanación. Me recordó la importancia de la introspección, de cómo algo tan sencillo aparentemente como es el escribir podía ser la clave para desbloquear sentimientos que nos duelen y a los que debemos enfrentarnos. El valor que ella eligió fue la valentía y de ello aprendimos ambas.

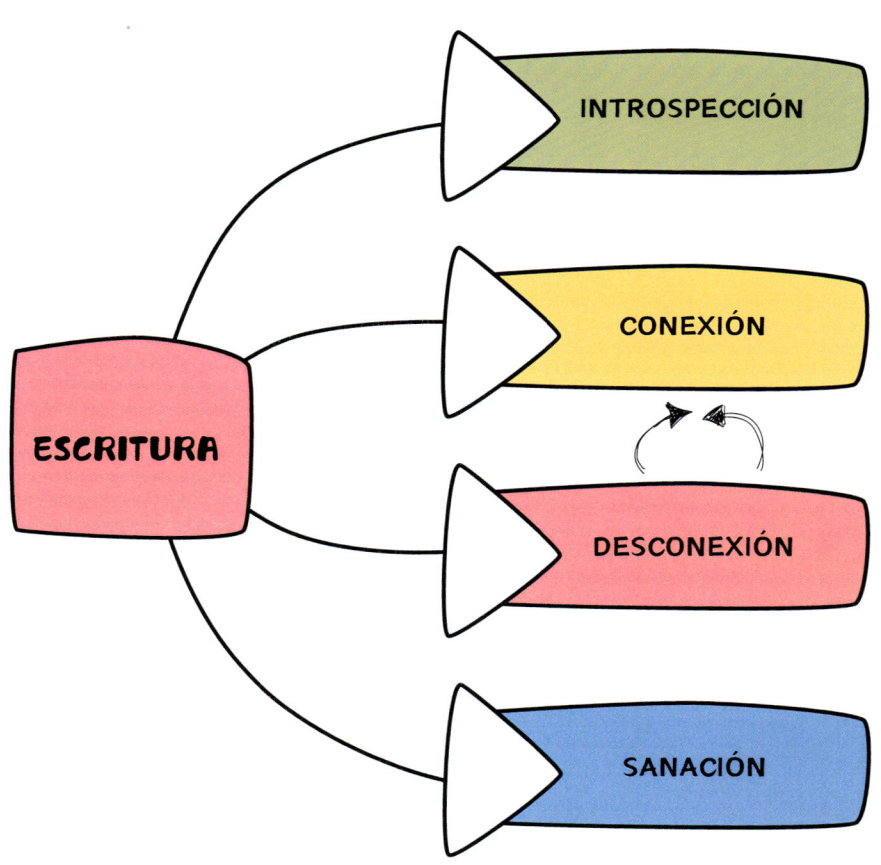

ESCRITURA

INTROSPECCIÓN

CONEXIÓN

DESCONEXIÓN

SANACIÓN

DESARROLLO DE COMPETENCIAS. BENEFICIOS EN LA GRAMÁTICA, EL VOCABULARIO Y LA FLUIDEZ

Para comenzar, es importante hacer una mención especial a lo que se conoce como **proceso creativo.** Diría que es el conjunto de pasos que seguimos para generar y desarrollar ideas nuevas. Dicho así, parece algo mágico y muy sencillo, pero para lograrlo, debemos tener en cuenta una estructura.

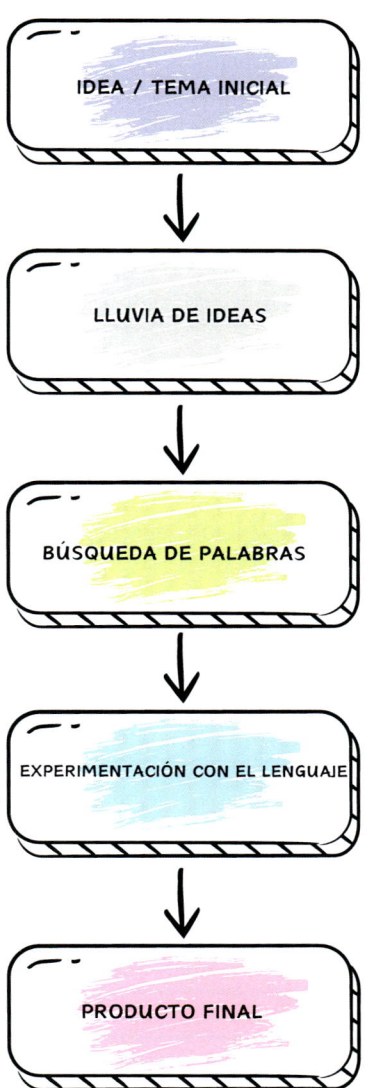

Cuando un alumno trabaja la escritura creativa, no solo está inventando historias o jugando con palabras; en realidad, está desarrollando muchas competencias importantes que le sirven para su formación personal y académica.

CREATIVIDAD

Es algo obvio, pero escribir ayuda al niño a pensar de forma más original y a ver las cosas desde diferentes perspectivas.

EXPRESIÓN

Si un alumno escribe, con el tiempo aprende a expresarse y poco a poco irá mejorando. Además, se extrapola a su vida diaria, pues sabrá hablar mejor y podrá desenvolverse mejor ante cualquier situación.

CONEXIÓN

Se hará preguntas del estilo de "¿Esto tiene sentido? / ¿Cómo puedo conseguir que mi protagonista logre su objetivo?..." Conectará las ideas y creará un texto perfectamente cohesionado.

DOMINIO DEL LENGUAJE

A medida que escribe, amplía su vocabulario, ya que debe buscar palabras nuevas con las que experimentar y eso da a lugar a que su vocabulario sea mucho más rico.

CULTURA

A través del ejercicio creativo, el niño lee más y hace que vaya conectando con más referencias culturales para que mejore en diferentes ámbitos (arte, literatura, música...).

Por otro lado, he podido comprobar que a través de la escritura el alumno mejora de una forma divertida y muy efectiva la ortografía y gramática. Por poner un ejemplo, si el niño tiene que inventarse una historia protagonizada por un unicornio y una bruja y escribe el texto olvidándose de alguna tilde y utilizando mal los signos de puntuación, cuando revisemos de nuevo su texto para proceder a corregirlo, podremos darle la oportunidad de nuevo de volver a escribirlo corrigiendo sus errores, y a la vez le explicaremos por qué algunas palabras necesitan estar acentuadas para que el lector las pronuncie bien y, además, le explicaremos la importancia de hacer un buen uso de los signos de puntuación, ya que un uso excesivo de los mismos pueden entorpecer la lectura.

Es así como observamos que la escritura creativa ofrece muchas oportunidades para que los alumnos puedan ir perfeccionando su creación literaria, ya que en ese proceso de escritura forma parte la revisión del mismo, lo que es clave para aprender. En este proceso de corrección y revisión, se van consolidando las reglas ortográficas y gramaticales de una manera más dinámica. El niño entenderá que los errores son pequeñas oportunidades de aprendizaje, y cada corrección, un paso más hacia una mejor escritura.

Aprendizaje / Error

Mejora en ortografia

Desarrollo de competencias

La escritura creativa es una herramienta muy eficaz para lograr que mejoren su vocabulario y la fluidez. Poco a poco se van enfrentando a diferentes retos que provocan que pueda explorar nuevas palabras, ampliando así su vocabulario, puesto que, en lugar de conformarse con palabras básicas o recurrentes, comienza a hacer un ejercicio de búsqueda de sinónimos, que le ayudarán a crear un texto más vivo y mejor producido. Por ejemplo, en lugar de escribir *"El niño estaba contento"* al final de todo el proceso creativo será capaz de redactar *"El niño irradiaba felicidad"*, mostrando así una evolución en cuanto al vocabulario, enriqueciendo la narrativa y consolidando su conocimiento.

Asimismo, la necesidad de mantener la continuidad en la trama de una historia o en la descripción de una situación obliga al niño a trabajar en la estructura de sus oraciones, a pensar en transiciones adecuadas, que sean coherentes y estén cohesionadas y a evitar repeticiones, lo cual favorece una expresión más fluida y variada. Este proceso le exige pensar en cómo las palabras interactúan entre sí y cómo pueden emplearse para transmitir un mensaje claro y efectivo.

Finalmente, este proceso no solo enriquece el vocabulario y mejora la fluidez, sino que también genera una mayor autoconfianza en el uso de la lengua. A medida que el alumno se enfrenta a nuevos desafíos expresivos y los supera, siente que su capacidad de comunicar ideas crece, lo que le permite abordar tareas más complejas con mayor seguridad, lo que provoca un uso avanzado del propio lenguaje.

¿POR QUÉ LA CREATIVIDAD Y LA MOTIVACIÓN SON IMPORTANTES PARA APRENDER?

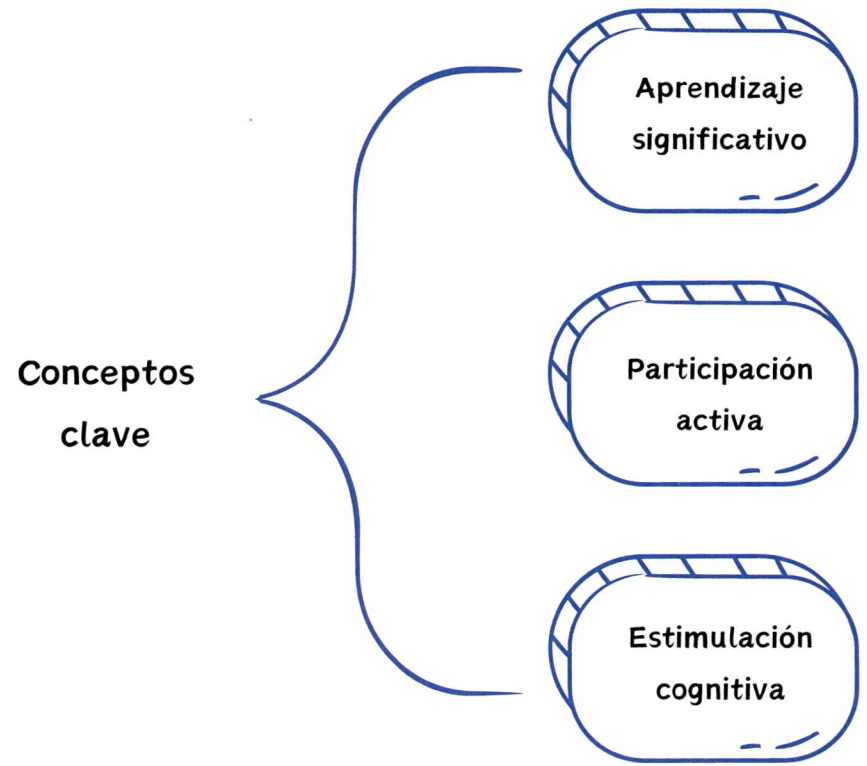

Conceptos clave

- Aprendizaje significativo
- Participación activa
- Estimulación cognitiva

Bajo mi propia experiencia, considero que la creatividad y la motivación son mucho más que simples herramientas para lograr un aprendizaje significativo, puesto que son la base de la educación de los niños. En el entorno escolar, ambas les permiten explorar su mundo interior, darle forma a muchos pensamientos y emociones y esto provoca que sean capaces de expresarse y dar soluciones a diferentes retos / problemas que se les plantean. ¿Por qué? Pienso que cuando un niño se siente libre para ser creativo y les abrimos y facilitamos el camino para ello, sus mentes se abren a un sinfín de posibilidades. En todo este proceso, ellos son los dueños de su propio aprendizaje y deben ser receptores activos de información.

Muchas veces me genera un quebradero grande de cabeza el crear actividades creativas que puedan despertar en el alumno esa chispa que les haga enfrentarse a ella con mucha motivación. Esto es lo que impulsa al niño a implicarse de manera activa, puesto que se sienten atraídos por el placer de aprender y explorar sus intereses, sintiendo curiosidad ante el nuevo aprendizaje que se le plantea y desafiándose para lograrlo. Cuando está motivado, cada logro, por muy pequeño que sea, lo sentirá como una victoria personal y cada error como una oportunidad de mejora, dejando sin cabida a la frustración. Al mismo tiempo, conseguimos que los niños sean resilientes, aprenden poco a poco a superarse y a no desanimarse cuando algo no sale como ellos en un principio esperaban.

Pienso que el papel nuestro como profesores es fundamental para potenciar tanto la creatividad como la motivación en el aula. Un profesor que propone actividades dinámicas donde el alumno participa de forma activa en el aprendizaje, planteándole preguntas abiertas y permitiéndoles que la curiosidad florezca, tiene un porcentaje muy alto de que el éxito esté asegurado. El aprendizaje basado en proyectos ayuda a los niños a conectar la teoría con la práctica de manera significativa, puesto que no solo retienen mejor la información, sino que también se fomenta en ellos la motivación por seguir aprendiendo fuera del aula.

Por todo esto, me atrevo a decir que son dos conceptos clave dentro del aprendizaje y tienen un impacto a corto plazo en el rendimiento escolar, pues sienta las bases para el desarrollo personal y profesional del niño. Sin embargo, no dándole importancia a esto, entenderíamos la educación como un proceso que termina cuando el alumno se gradúa, pero no debe ser así, ya que debemos entenderla como un viaje continuo sin límites ni fechas de caducidad.

PROYECTOS DINÁMICOS PARA PONERLO EN PRÁCTICA

¿Cómo podemos conseguir que nuestros alumnos muestren interés en la escritura creativa? Aquí os presento un banco de actividades donde veréis que la escritura no solo estimula la imaginación y capacidad de expresión, sino que también contribuye a mejorar competencias básicas como la resolución de problemas, la empatía, ortografía/caligrafía e incluso la autoconfianza.

CARTAS DE AMOR

HILANDO PALABRAS

MICRORRELATOS

CHALLENGE MUSICAL

BESTIARIO

SE HACE CAMINO AL ANDAR

FAKE NEWS

SUPERHÉROES POR UN DÍA

VERSOS EMPODERADOS

DE LA IMAGEN AL TEXTO

CONOCE TU PAÍS

ENCICLOPEDIA DE OBJETOS IMPOSIBLES

CAZA DE BRUJAS

SUSURROS DEL OLIMPO

CARTAS DE AMOR

¿En qué consiste la actividad?

Para realizar esta actividad, los alumnos cogerán un papel al azar de una caja. En ella estarán incluidos todos los nombres de los compañeros de clase. Una vez tengan el nombre, tendrán que escribir una carta, mínimo de cinco líneas y un máximo de quince, donde destaquen cualidades y aspectos positivos que observan en esa persona.

Podrán hablar sobre su empatía, amabilidad, esfuerzo, compañerismo, buen amigo, trabajador, o cualquier otro aspecto que considere importante.

Esta actividad tiene un impacto positivo en los niños, puesto que son muchos los valores que en ella se trabajan. Por ejemplo:

◆ **Empatía,** ya que reflexiona sobre las características positivas de un compañero poniéndose en el lugar del otro y comprendiendo sus emociones.

◆ **Respeto,** porque promueve la consideración hacia los demás al enfocarse en lo bueno que cada persona aporta al grupo.

◆ **Gratitud,** al expresar agradecimiento por las cualidades del otro ayuda a fomentar un ambiente sano en clase.

◆ **Compañerismo**, que refuerza la idea de pertenencia y unión en el grupo.

Objetivos

◇ **Fomentar el autoconocimiento y la autoestima.** Al recibir comentarios positivos, cada alumno se sentirá valorado y reconocido al leer las palabras de su compañero.

◇ **Desarrollar habilidades comunicativas.** Los alumnos practican la escritura como una herramienta para expresar ideas y sentimientos, lo que a la larga se verá reflejado en una mejora en la forma de expresarse.

◇ **Promover un ambiente positivo en el aula**, puesto que favorece un entorno donde cada niño resalta las virtudes de sus compañeros, dejando de lado lo negativo que en él/ella pueda observar, generando así un clima de respeto.

◇ **Estimular la creatividad**. El alumno se ve incentivado a buscar palabras para describir positivamente a un compañero, desarrollando así la creatividad.

Querido ...

_____

_____

_____

_____

_____

_____

_____

_____

_____

_____

_____

_____

_____

_____

HILANDO PALABRAS

¿En qué consiste la actividad?

En esta dinámica, los alumnos trabajarán su creatividad y expresión escrita mediante la construcción de una historia que deberá incluir cinco palabras seleccionadas al azar.

Para comenzar, llenaremos una bolsa con más de 100 papeles pequeños, cada uno con una palabra (sustantivos, verbos, adjetivos, adverbios, etc.). Por ejemplo, algunas palabras pueden ser: unicornio, bailar, luz, rápidamente, sol, para...

Cada alumno sacará cinco palabras de la bolsa sin mirarlas previamente. Una vez tengan sus cinco palabras, deberán incorporarlas en un texto narrativo, donde la temática será elegida libremente por cada alumno (fantasía, terror, ciencia ficción, etc.). Tendrán libertad para desarrollar los personajes y el argumento como deseen, siempre que usen las cinco palabras seleccionadas.

¿Qué valores se trabajan en ella? Podría destacar dos:

◇ La actividad tiene como eje la **creatividad**, que desafía a los alumnos a pensar fuera de lo común y a dar sentido a palabras que podrían parecer inconexas.

◇ **Adaptación,** puesto que el alumno debe trabajar con palabras escogidas al azar, enfrentándose a la necesidad de adaptarse y estructurar sus ideas de forma lógica y coherente.

Objetivos

◇ **Fomentar la creatividad e imaginación,** puesto que al utilizar palabras aleatorias estamos obligando a los alumnos a desarrollar ideas originales.

◇ **Mejorar la capacidad de organización de textos**, ya que al crear una historia coherente y cohesionada con palabras que podrían no tener relación, los alumnos practican la planificación y la secuencia lógica de oraciones.

◇ **Ampliar el vocabulario** porque los alumnos aprenden a incluir palabras que podrían no usar con frecuencia, ampliando su capacidad expresiva.

◇ **Asentar los saberes básicos** que estaríamos trabajando con ellos en el aula, como, por ejemplo, las categorías gramaticales.

MICRORRELATOS

¿En qué consiste la actividad?

Con esta actividad, los alumnos trabajarán en parejas para crear una historia corta (microrrelato) basada en una temática elegida al azar. Para comenzar, prepararemos una caja o bolsa con diversas temáticas (terror, comedia romántica, drama...). La cantidad y variedad de temas dependerá del número de parejas participantes, asegurando que haya opciones creativas y variadas para todos.

Cada pareja sacará una tarjeta de la caja, descubriendo así la temática sobre la cual deberán basar su historia. El objetivo será desarrollar un texto narrativo breve que ocupe diez líneas como mínimo y un máximo de quince líneas, asegurándonos sean concisos, pero que a la vez logren expresar sus ideas de manera clara y coherente. Las parejas tendrán un tiempo determinado (que será cuarenta minutos) para planificar y redactar su historia.

Objetivos

◇ **Fomentar la creatividad y la imaginación.** Al tener que desarrollar una historia a partir de un tema específico, los alumnos se enfrentan al desafío de pensar de manera creativa sus personajes, tramas y espacio.

◇ **Desarrollar la capacidad de síntesis y organización de ideas,** puesto que la limitación de líneas y el marcarles un tiempo concreto para realizar la historia les obliga a ser concisos y a estructurar sus ideas de manera efectiva.

◇ **Fomentar el trabajo colaborativo,** ya que al trabajar en parejas, los alumnos practican habilidades como escuchar, poner en común ideas y llegar a acuerdos, desarrollando una comunicación asertiva y respetuosa.

◇ **Trabajar la inspiración.** Al no poder elegir ellos la temática de su texto les motiva a salir de su zona de confort y a explorar nuevos géneros, que quizás no elegirían por sí solos.

◇ **Fomentar el aprendizaje entre iguales.** Al compartir el aprendizaje con un compañero, les damos la oportunidad de aprender unos de otros, fomentando así el trabajo en equipo y la efectividad.

Descubre muchos más...

COMEDIA

DRAMA

CHALLENGE MUSICAL

¿En qué consiste la actividad?

En este reto, los alumnos crearán un diario musical durante un mes (el que el profesor decida), en el cual completarán una plantilla con diferentes retos diarios relacionados con la música. Cada día se les presentará un desafío que deberá ser resuelto seleccionando una canción que se ajuste a la consigna del día. Los retos pueden incluir temas como:

◆ Una canción que escuches cuando estás triste.

◆ Una canción que te recuerde al verano.

◆ Una canción que escuches mucho cuando llueve.

◆ Una canción que detestes.

◆ La canción favorita de tu padre / madre.

Cada alumno llevará un cuaderno personal donde irá anotando la canción elegida y una breve explicación de por qué la ha seleccionado para cada reto. Al finalizar el mes, deberán entregar su cuaderno completo con todos los retos musicales y sus respectivas justificaciones.

La actividad se realizará de forma individual para fomentar la reflexión personal y el pensamiento crítico. Al finalizar el mes, compartiremos algunas de las canciones elegidas por los alumnos creando así un entorno dinámico y atractivo para los alumnos.

Objetivos

◇ **Fomentar la reflexión personal,** ya que tienen que justificar cada elección musical reflexionando sobre sus sentimientos, recuerdos y experiencias, conectando cada canción con un aspecto personal.

◇ **Desarrollar el pensamiento crítico y la argumentación,** puesto que deben explicar de manera coherente y precisa el porqué de cada elección.

◇ **Fomentar la creatividad y la sensibilidad artística.** Los alumnos deben ser capaces de buscar canciones que se ajusten a cada reto, promoviendo la creatividad y fomentando la apreciación artística y cultural.

◇ **Promover la perseverancia y la organización.** Al ser un proyecto que se desarrolla a lo largo de un mes, los alumnos practican la constancia, la planificación y la responsabilidad para completar la plantilla de forma regular.

◇ **Incentivar la expresión emocional a través de la música.** Al relacionar las canciones con sus sentimientos y experiencias, aprenden a identificar y expresar sus emociones, utilizando la música como un canal de comunicación.

Canción que te motive.	Canción que escuches mientras haces deberes.	Canción / Banda sonora de tu película o serie favorita.	Canción que escuchas cuando llueve.	Canción que hace que no pares de bailar.
Canción que te recuerde a tu infancia.	Canción que cantas cuando vas en el coche.	Canción que no tenga letra.	Canción que escuchas para relajarte.	Canción que te recuerde a la Navidad.
Canción que te guste de un artista que haya fallecido.	Canción que escuches cuando haces deporte.	Canción que escuchaban tus padres de jóvenes.	Canción que más has escuchado este verano.	Canción que te haga llorar o que te emocione.
Canción que transmita un mensaje bonito.	Canción que saliera el año que naciste.	Canción bonita de música clásica.	Canción de un artista que sea de Madrid.	Canción que te recuerde a tus amigos.
Canción que le pondrías a un bebé para que se duerma.	Canción de un país diferente al tuyo.	Canción que odies.	Canción de un artista internacional.	Canción en la que aparezca la palabra AMOR.
Canción favorita de un grupo musical.	Canción que te gusta escuchar mientras miras el mar.	Canción que al principio odiabas y ahora te encanta.	Villancico favorito.	Canción que escuchaban tus abuelos.

 RETO MUSICAL

BESTIARIO

¿En qué consiste la actividad?

Un bestiario se refiere a un tipo de obra que recopila y describe animales reales o imaginarios, a menudo mezclando elementos científicos con fantasía. Estas obras suelen incluir ilustraciones detalladas y descripciones, a veces acompañadas de características simbólicas asociadas a cada animal.

El bestiario medieval es un ejemplo clásico de este tipo de obra. En la Edad Media, se desarrollaron manuscritos que presentaban una variedad de animales, tanto reales como mitológicos, junto con información sobre sus hábitats, comportamientos. Estos bestiarios eran utilizados no solo como fuentes de conocimiento, sino también como herramientas educativas y espirituales.

En esta actividad, los alumnos crearán un monstruo / bestia que después uniremos al del resto de compañeros para crear nuestro propio bestiario. Para ello, tendrán que inventar un monstruo o criatura fantástica y describirán en detalle sus características, rasgos, poderes, hábitat, y cualquier otro aspecto relevante de su ser imaginario. El propósito es que cada alumno diseñe una criatura única, ejercitando su creatividad y su capacidad de expresión escrita.

Objetivos

◇ **Estimular la creatividad y la imaginación,** ya que al inventar una bestia desde cero, tendrán que desarrollar habilidades creativas, pensar en ideas originales y dar forma a seres fantásticos que reflejen su imaginación.

◇ **Desarrollar habilidades de expresión escrita y descriptiva.** La elaboración de la ficha requiere un uso preciso del lenguaje para describir la criatura de manera clara y detallada.

◇ **Fomentar el uso de la estructura y la organización de ideas**, puesto que la ficha estará estructurada de forma que los alumnos sean capaces de redactar la información de forma lógica y coherente.

◇ **Practicar la organización de ideas.** Al incluir una breve historia o leyenda sobre la criatura, los alumnos desarrollan su capacidad para crear relatos y explorar la narración y descripción.

NOMBRE

EDAD:

ORIGEN:

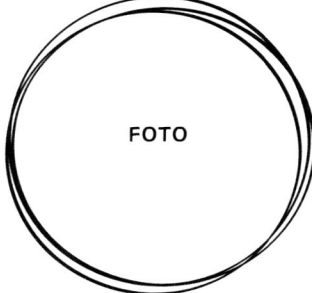

FOTO

DESCRIPCIÓN

PODERES

CURIOSIDADES

SE HACE CAMINO AL ANDAR

¿En qué consiste la actividad?

A lo largo de la historia hemos pasado por diferentes etapas históricas y hemos vivido numerosos acontecimientos históricos realmente importantes. Por eso, tendrán que pensar en un personaje (ya sea política, ciencia, historia, arte, deportes…) que haya contribuido de alguna manera importante a la sociedad.

En esta dinámica, los alumnos trabajarán en parejas para crear una historia en la que dos personajes históricos relevantes sean los protagonistas. Cada alumno deberá elegir a un personaje que le guste o le inspire, ya sea alguien que haya vivido en el pasado o una figura actual que haya tenido un impacto significativo en la historia.

Una vez que ambos alumnos han seleccionado a sus personajes, deberán imaginar y desarrollar juntos la historia en la que los dos se encuentren. La trama puede girar en torno a una conversación imaginaria, una aventura compartida o un evento ficticio en el que ambos personajes intervengan. Es importante que el texto que vayan a crear sea creativo, respetando los rasgos de cada personaje sin alterar el contexto histórico. La historia no tiene que estar limitada a la realidad, pero debe reflejar la personalidad y el legado de cada protagonista.

Objetivos

◇ **Desarrollar la creatividad y el pensamiento crítico.** La actividad motiva a los alumnos a pensar de manera original, combinando personajes de distintos tiempos y contextos para crear escenarios nuevos pero verosímiles.

◇ **Fomentar el conocimiento y la apreciación de figuras históricas**, al elegir e investigar a sus personajes, los alumnos profundizan en la vida de los personajes que hayan elegido.

◇ **Mejorar la capacidad de expresión escrita**. La redacción de la historia en parejas permite practicar la estructura narrativa, la construcción de diálogos y la cohesión textual.

◇ **Fomentar el trabajo colaborativo.** Al trabajar en parejas, los alumnos deben comunicar sus ideas, negociar decisiones y colaborar de manera efectiva para lograr un resultado conjunto.

TÍTULO

FAKE NEWS

¿En qué consiste la actividad?

En esta actividad, los alumnos deberán inventar una noticia que, aunque sea completamente falsa, parezca lo suficientemente creíble como para que pueda engañar a los lectores. Trabajando de manera individual, cada alumno redactará una noticia original, que puede tener un enfoque serio o cómico, pero debe estar escrita con un tono periodístico y siguiendo con la estructura propia de la noticia (pirámide invertida).

La noticia debe contener todos los elementos necesarios para resultar verosímil, como un titular llamativo, una entradilla que resuma el contenido, y un cuerpo que incluya detalles específicos, citas ficticias de "expertos" o "testigos", fotos, gráficos, etc. Pueden elegir cualquier temática que les interese (sucesos actuales, ciencia, cultura, deportes, etc.), siempre cuidando que el contenido, aunque inventado, no sea ofensivo o inadecuado.

Objetivos

◇ **Desarrollar el pensamiento crítico y la capacidad de discernir información.** La actividad ayudará a los alumnos a comprender cómo las noticias falsas se crean y se difunden y además, los espectadores pueden creérselo.

◇ *Mejorar la expresión escrita y el uso del lenguaje periodístico.* Los alumnos pondrán en práctica todo lo aprendido acerca del género periodístico y se convertirán en uno de ellos, teniendo como principal objetivo causar un impacto en el lector.

◇ **Promover la creatividad,** puesto que al permitir que las noticias tengan un enfoque cómico o surrealista pero a la vez verosímil, se fomenta la creatividad de los alumnos para que encuentren formas originales y entretenidas de desarrollar sus ideas.

◇ **Poner en práctica la teoría del texto periodístico.** Al escribir su propia noticia, los alumnos entienden de forma práctica cómo se organiza una noticia, qué elementos son importantes y cómo se presentan los hechos en el periodismo real.

◇ **Fomentar la responsabilidad en la creación de contenido.** Al reflexionar sobre el poder de las noticias falsas, los alumnos toman conciencia sobre la ética y la responsabilidad que conlleva crear y difundir información, así como sobre las posibles consecuencias de manipular la verdad y cómo esto puede afectar a la opinión pública.

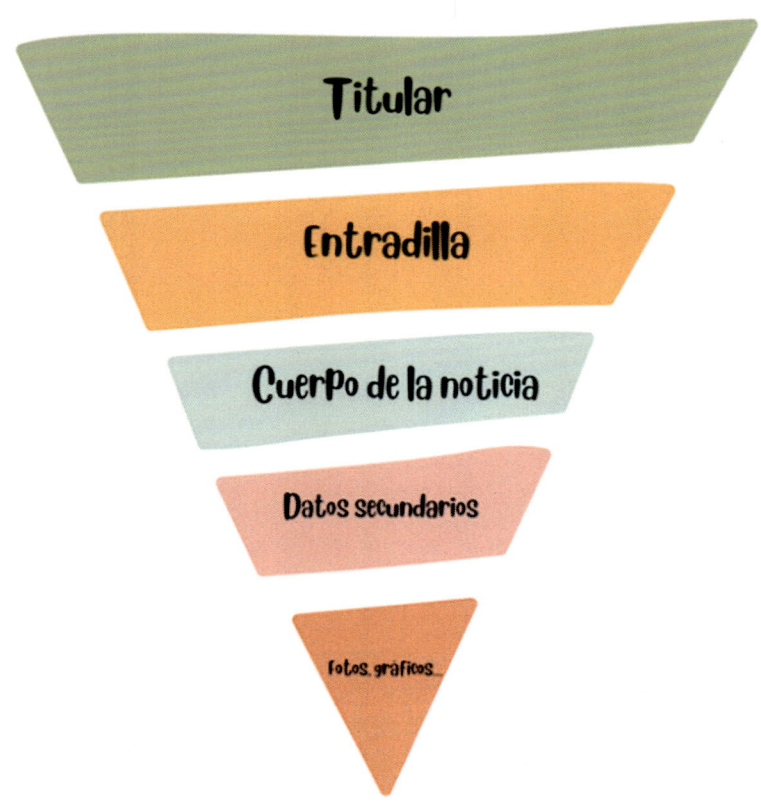

NOMBRE DEL PERIÓDICO

TITULAR

ENTRADILLA

FOTO

PEQUEÑA
ENTREVISTA A
UN TESTIGO.

FOTO

SUPERHÉROES POR UN DÍA

¿En qué consiste la actividad?

En esta actividad, los alumnos trabajarán en parejas para crear un superhéroe que esté destinado a solucionar un problema actual que les afecte. Es importante que piensen en algo cercano a ello como puede tratarse de un asunto del ámbito escolar (falta de recursos, compañeros que se sienten aislados, desperfectos en el centro...), del vecindario (basura, suciedad en las calles, contaminación, tráfico, ausencia de parques...) o incluso en alguna realidad que a día de hoy esté perjudicando al planeta o esté provocando muertes (guerras, cambio climático...).

Para ello, a través de la imaginación y la creatividad, los alumnos se deben familiarizar con problemáticas contemporáneas y buscarán formas innovadoras de abordarlas, convirtiendo a sus superhéroes en símbolos de cambio positivo. Su superhéroe debe poseer habilidades y poderes específicos para ser capaces de enfrentarse a ese problema de manera efectiva.

Deberán definir detalladamente aspectos como el origen del superhéroe, sus características físicas y emocionales, su traje, así como los poderes y habilidades que lo ayudarán a combatir la problemática seleccionada. Además, tendrán que explicar cómo actúa su superhéroe y qué tipo de soluciones propone para hacer frente a la problemática que han escogido.

Objetivos

◇ **Promover la reflexión sobre la responsabilidad social, puesto que a través de la actividad,** se resalta la importancia de que todos, desde nuestra posición, podemos contribuir a mejorar la sociedad, ya sea con acciones pequeñas o grandes, incentivando así la responsabilidad social en los alumnos.

◇ **Fomentar la creatividad y la imaginación.** Al crear un superhéroe, los alumnos potencian su creatividad, ideando personajes únicos que abordan problemas reales y proporcionan soluciones a ello.

◇ **Fomentar el trabajo colaborativo.** Al trabajar en parejas, aprenden a compartir ideas y organizarse para llevar a cabo la creación de su superhéroe, reforzando habilidades comunicación y respeto.

◇ **Sensibilizar a los alumnos sobre problemáticas actuales.** Los alumnos van a desarrollar una mayor conciencia social.

◇ **Fomentar el pensamiento crítico y la búsqueda de soluciones ante diferentes problemas.** La actividad motiva a los alumnos a pensar en las causas y consecuencias de los problemas elegidos, así como en posibles soluciones que, aunque presentadas de manera ficticia, pueden inspirar iniciativas reales.

◇ **Mejorar la capacidad de expresión escrita y oral,** ya que al redactar la historia del superhéroe, los alumnos practican la organización de ideas, la redacción coherente y el uso del lenguaje adecuado para transmitir sus conceptos de manera efectiva.

NOMBRE DEL SUPERHÉROE

DESCRIPCIÓN DEL SUPERHÉROE

¿QUÉ QUIEREN SOLUCIONAR?

¿CÓMO VAN A HACERLO?

DIBUJO DEL SUPERHÉROE

SIEMPRE QUE PRESENCIÉIS UNA
INJUSTICIA,
¡SACAD VUESTRO TRAJE Y
ACTUAD!

VERSOS EMPODERADOS

¿En qué consiste la actividad?

En esta actividad, los alumnos, en grupos de cuatro personas, tendrán que escribir un poema relacionado con un valor. Para elegirlo, cogerán un palito de color en el que cada uno incluye un valor diferente. El poema tendrá como objetivo expresar sentimientos y experiencias que puedan servir para reflexionar sobre dicho valor y, a su vez, proponer un mensaje de esperanza y transformación. A través de las estrofas, pueden describir alguna experiencia propia o simplemente algún mensaje que anime al lector a superarse y a comprender mejor el valor tratado.

El poema debe tener un mínimo de dos estrofas, cada una compuesta por al menos cuatro versos, aunque pueden extenderse si lo desean. Los grupos deben reflexionar primero sobre el valor y luego discutir cómo las emociones que sentimos a lo largo de nuestra vida condicionan nuestro futuro, dando prioridad al valor asignado.

Objetivos

◇ **Desarrollar la capacidad de expresión emocional a través de la poesía.** Al crear un poema que aborda un valor real desde una perspectiva emocional, los alumnos aprenden a expresar sus sentimientos y a poner palabras a emociones complejas, desarrollando habilidades de comunicación emocional y literaria.

◇ **Fomentar la empatía y la conciencia social,** puesto que, la elección del valor como temática permite que los alumnos reflexionen sobre ello y profundicen en él para entenderlo mejor.

◇ **Promover el trabajo en equipo y la colaboración.** Al trabajar en grupos, los alumnos deben compartir ideas, organizarse y tomar decisiones de manera conjunta para crear un poema emotivo significativo.

◇ **Mejorar las habilidades de expresión escrita y oral,** ya que la actividad fomenta la escritura creativa y el uso de recursos poéticos. Además, darles la oportunidad de presentarlo en clase les ayuda a desarrollar la confianza y la capacidad para expresar sus ideas de manera clara y efectiva frente a un público.

DE LA IMAGEN AL TEXTO

¿En qué consiste la actividad?

En esta actividad, cada alumno trabajará de forma individual para crear una historia original inspirada en un cuadro famoso. El objetivo principal es fomentar la creatividad y la imaginación, así como ayudar a los alumnos a desarrollar sus habilidades de expresión escrita a través de la interpretación de una obra de arte.

Cada alumno deberá elegir un cuadro famoso que le llame la atención, ya sea por la temática, colores, símbolos, etc. El profesor ofrecerá una lista de cuadros, sin embargo, si algún alumno quiere trabajar sobre otra obra de arte que no aparezca en el listado ofrecido, deberá comentarlo con el profesor.

Una vez que hayan seleccionado el cuadro, deberán inventar una historia que gire en torno a la imagen que ven. Pueden imaginar el contexto de la obra (¿qué sucedió antes o después del momento capturado en el cuadro?), desarrollar la historia de los personajes (si aparecen personas o seres en la pintura), o crear una trama completamente original que esté relacionada con las emociones o la atmósfera que el cuadro les inspire.

La historia deberá tener una extensión de entre una y dos páginas, y debe estar bien estructurada, con introducción, nudo y desenlace. Además, se recomendará a los alumnos que incluyan descripciones que puedan estar conectadas de forma coherente con el texto narrativo que produzca.

Objetivos

◇ **Desarrollar la capacidad de observación e interpretación,** puesto que al analizar y reflexionar sobre un cuadro famoso, potenciarán su capacidad para observar detalles y extraer significado de elementos visuales, para posteriormente ligarlos y redactar una historia coherente.

◇ **Fomentar la creatividad y la imaginación.** Usarán su imaginación para desarrollar historias originales que surgen de sus propias interpretaciones, fortaleciendo así su pensamiento creativo.

◇ **Mejorar las habilidades de expresión escrita,** ya que, la actividad permite a los alumnos trabajar en la redacción de un texto narrativo y descriptivo, desarrollando su vocabulario, el uso de descripciones detalladas y la estructura propia de la narración.

◇ **Relacionar diferentes formas de arte.** Al unir la expresión visual de la pintura con la expresión escrita, los alumnos exploran la conexión entre diferentes formas de arte y cómo estas pueden influirse mutuamente, desarrollando así un pensamiento interdisciplinar.

◇ **Fomentar el interés por la historia del arte.** Al explorar cuadros famosos, los alumnos pueden sentir curiosidad por conocer más sobre la historia y el contexto de cada obra, así como sobre la vida de los artistas que las crearon.

La noche estrellada, Vicente Van Gogh

La Gioconda, Leonardo Da Vinci

La joven de la perla, Johannes Vermeer

Las meninas, Diego Velázquez

La persistencia de la memoria, Salvador Dalí

Guernica, Pablo Picasso

La última cena,
Leonardo Da Vinci

El jardín de las
delicias, El Bosco

Paseo a orillas del
mar, Joaquín Sorolla

El hijo del hombre,
René Magritte

El matrimonio
Arnolfini, Jan Van Eyck

El aquelarre, Francisco
de Goya

CONOCE TU PAÍS

¿En qué consiste la actividad?

En esta actividad, los alumnos trabajarán en parejas para conocer y explorar algunas de las fiestas más representativas de España. El objetivo es fomentar el interés por la diversidad cultural y patrimonial del país, así como desarrollar la capacidad de investigación, análisis y creatividad a través de la presentación de la información.

Cada pareja seleccionará al azar una tarjeta que contiene el nombre de una fiesta tradicional española. Algunas de las fiestas que podrían aparecer en las tarjetas son: La Tomatina (Buñol), Las Fallas (Valencia), La Feria de Abril (Sevilla), San Fermín (Pamplona), San Isidro (Madrid) o El Carnaval (Santa Cruz de Tenerife).

Una vez que los alumnos tengan su fiesta asignada, deberán realizar la actividad específica que corresponda a dicha festividad.

Objetivos

◇ **Promover el conocimiento de la diversidad cultural de España,** puesto que se permite que los alumnos descubran diferentes fiestas y tradiciones de diversas regiones del país, fomentando así un sentido de respeto y aprecio por la variedad cultural que existe dentro del territorio español.

◇ **Desarrollar habilidades de investigación y síntesis de información.** Al investigar sobre la historia y características de una fiesta, aprenden a buscar información de distintas fuentes, analizarla, y sintetizarla para presentarla de manera clara y coherente.

◇ **Fomentar la creatividad y la expresión artística,** ya que los alumnos no sabrán al reto que se enfrentan y para ello tendrán que desarrollar su capacidad creativa, aprendiendo a expresar sus ideas y conocimientos de forma visual y artística.

◇ **Favorecer el trabajo en equipo y la colaboración.** Al trabajar en parejas, deben compartir responsabilidades, escuchar las ideas del otro y coordinarse para desarrollar un producto final conjunto.

SAN ISIDRO

En parejas, deben elaborar un texto narrativo en el que los protagonistas sean dos chulapos. Además, debe estar ambientada en Madrid y todo ocurrirá el 15 de mayo.

LA TOMATINA

Los alumnos elegirán una de las dos opciones:

- Noticia que incluya algún hecho relevante ocurrido durante la fiesta (puede ser inventado).
- Recreación de la fiesta. El objetivo es cambiar aspectos de la fiesta (por ejemplo, el lanzar tomates).

LAS FALLAS

Introduciremos a los alumnos en la tradición de las Fallas.
En parejas, tendrán que redactar una noticia (respetando la estructura de la misma) en la que narren algo relevante que haya sucedido durante un día en plenas Fallas.

ENCICLOPEDIA DE OBJETOS IMPOSIBLES

¿En qué consiste la actividad?

La actividad consiste en la creación de una enciclopedia ficticia de objetos inventados, realizada de manera individual por cada alumno. La idea es que cada alumno imagine algún objeto que considere que podría hacernos la vida mucho más fácil. Pueden pertenecer a un contexto realista o más fantástico. Una vez que lo tengan elegido, les pediremos que realicen una descripción detallada del mismo (forma, tamaño, color, función...). Es importante que la descripción logre transmitir una imagen clara y precisa de lo que el lector podría ver si ese objeto existiera realmente.

Además, trabajarán también el texto narrativo puesto que incluirán un breve relato o anécdota que contextualice el objeto en un uso práctico o lo sitúe dentro de una historia. Por ejemplo, pueden contar cómo fue inventado o descubierto, contar una historia donde el objeto tuviera un papel crucial en ella o incluso inventarse una pequeña leyenda.

Una vez completadas las descripciones y narraciones, los alumnos deben organizar sus textos como entradas de una enciclopedia, siguiendo un formato uniforme que facilite la lectura y comprensión. Por ejemplo, ordenarlos por organizarlos por orden alfabético o agruparlos por categorías.

Objetivos

◇ **Fomentar la creatividad e imaginación.** Conseguiremos estimular el pensamiento creativo y abstracto de los alumnos, motivándolos a desarrollar ideas originales y fuera de lo convencional.

◇ **Desarrollar la capacidad de redactar textos descriptivos y narrativos**. Los alumnos pondrán en práctica todo lo aprendido sobre la narración y descripción produciendo textos coherentes y cohesionados.

◇ **Incentivar la capacidad de comunicación escrita para transmitir información,** ya que promovemos el desarrollo de habilidades comunicativas para que los alumnos puedan expresar sus ideas con claridad y transmitir mensajes comprensibles.

◇ **Promover la autonomía,** puesto que fomentaremos que los alumnos trabajen de manera independiente, evaluando la calidad de su producción y mejorando de forma consciente.

NOMBRE _____

DIBUJO DEL OBJETO	DESCRIPCIÓN

MATERIALES

¿CÓMO SE USA?

BREVE ANÉCDOTA O RELATO RELACIONADO CON EL OBJETO

CAZA DE BRUJAS

¿En qué consiste la actividad?

Para celebrar Halloween de una manera creativa y emocionante, los alumnos tendrán la oportunidad de escribir sus propias historias de miedo.

Hace mucho tiempo, en el pasado, algunas personas creían en cosas mágicas y asustadizas. Pensaban que había personas malvadas llamadas brujas que hacían magia con la ayuda del diablo. Supuestamente causaban problemas y enfermedades. Es así como empezaron a tener miedo de ellas y comenzaron a buscarlas y castigarlas. A veces esto se hacía porque alguien acusaba a otra persona de serlo, incluso si no lo era en realidad. Posteriormente, eran llevadas a juicio y algunas veces eran castigadas de formas muy duras. Este periodo se llamó la Caza de brujas, y muchas personas inocentes sufrieron mucho. A medida que pasó el tiempo, la gente empezó a entender que no había magia ni brujas malvadas, y al final se detuvo. Fue un tiempo triste en la historia, pero aprendimos que no debemos creer en cosas sin pruebas y no debemos hacer daño a otras personas por miedo.

A los alumnos les presentaremos un reto mágico que despertará la brujería en ellos. El principal objetivo es que redacten una historia que gire en torno a las brujas. Tendrán que imaginar un mundo donde las escobas vuelan, las pociones burbujean y los conjuros marcan nuestros destinos. Para ello, las personajes principales de las historias deben ser brujas bondadosas que resuelvan misterios mágicos o brujas malvadas que organicen planes llenos de misterio y maldad.

¿Os atrevéis?...

Objetivos

◇ **Fomentar la creatividad y la imaginación,** puesto que al inspirarse en la temática de las brujas, tendrán la oportunidad de desarrollar sus propias historias, lo que les permitirá explorar su capacidad para inventar tramas y personajes originales dentro del género.

◇ **Desarrollar habilidades de escritura narrativa.** Esta actividad les ayudará a asentar los conocimientos sobre la narración y a elaborar historias respetando la estructura típica (planteamiento, nudo y desenlace).

◇ **Analizar elementos del género de terror e intriga.** Los alumnos aprenderán a identificar y aplicar las técnicas narrativas que generan tensión y miedo, lo que enriquecerá su comprensión del género.

SUSURROS DEL OLIMPO

¿En qué consiste la actividad?

En esta actividad, los alumnos en parejas seleccionarán a dos dioses o diosas (uno cada uno) para intercambiar cartas entre ellos. Cada miembro de la pareja deberá investigar sobre la personalidad, historia y características de dios con el fin de escribir una serie de cartas que respeten el formato tradicional: saludo, cuerpo del mensaje y despedida. A través de este intercambio epistolar, los alumnos desarrollarán una narrativa en la que los dioses puedan discutir asuntos divinos, compartir reflexiones o relatar anécdotas, siempre manteniendo el tono y coherencia de sus personajes.

La primera carta será escrita por uno de los dos alumnos, quien deberá introducir un tema de conversación acorde a la naturaleza del dios o diosa que interpreta, mientras que el compañero deberá responder manteniendo la cohesión argumentativa y el estilo propio del personaje mitológico. Este proceso se repetirá dos veces para que la correspondencia adquiera profundidad y sentido narrativo.

Objetivos

◇ **Fomentar la creatividad y la imaginación**, puesto que con esta actividad dejamos que los alumnos exploren su capacidad creativa al dar vida a personajes mitológicos.

◇ **Desarrollar habilidades de escritura formal,** ya que al respetar el formato epistolar, practicarán la estructura y las convenciones de la correspondencia escrita, algo prácticamente olvidado.

◇ **Fomentar el trabajo en equipo.** Al trabajar en parejas, aprenderán a colaborar, a compartir ideas y a construir una historia conjunta, poniendo en práctica diferentes habilidades sociales.

ZEUS

HERA

POSEIDÓN

ARES

HERMES

HEFESTO

AFRODITA

ATENEA

MÉTODOS DE EVALUACIÓN

Uno de los procesos más tediosos dentro de la docencia es la evaluación. Sin embargo, en el contexto de la escritura creativa es una parte fundamental que permite medir el aprendizaje, proceso y evolución de los alumnos. Considero que no se trata únicamente de poner nota numérica a un trabajo, sino de aportar una retroalimentación valiosa que les ayude a identificar sus fortalezas y aquellas áreas donde debe mejorar.

Evaluar, a pesar de ser un proceso complejo, facilita la reflexión tanto del profesor como del propio alumno, ya que como profesores tendremos que analizar qué estrategias de enseñanza están funcionando y cuáles necesitan ser ajustadas a la realidad del alumnado. Es importante que esa retroalimentación sea siempre constructiva, pudiendo establecer unas expectativas realistas y claras sobre lo que se espera de ellos e incluso que puedan ser críticos con su propio trabajo.

Además, esto favorece la comunicación entre el profesor y el alumno, ya que a través de comentarios específicos y sugerencias, pueden hacer preguntas e incluso dialogar sobre su evolución en el proceso creativo, creando un ambiente de confianza y apoyo. Cuando un alumno recibe un comentario positivo y constructivo sobre su trabajo, se sentirá valorado y reconocido, lo que le ayudará a superar los desafíos que se les plantean desarrollando su creatividad.

En resumen, la evaluación de la escritura creativa es un proceso integral que no solo mide el rendimiento de los alumnos, sino que también fomenta el aprendizaje, reflexión, comunicación y la motivación. Proporcionarles feedback es esencial para guiar a los alumnos en su desarrollo y alcanzar su máximo potencial.

Descarga las rúbricas de evaluación de expresión escrita y trabajo en equipo:

Rúbricas de expresión escrita

Rúbrica de trabajo en equipo.